DISCOURS

Prononcé le Mardi 15 Septembre 1789, dans l'Eglise, & en préfence du Diftrict des RR. PP. Capucins de Saint-Louis de la Chauffée-d'Antin, au moment où l'on alloit bénir le Drapeau du Diftrict.

Par M. l'Abbé TRASSART,

Vicaire-Général du Diocèfe de St.-Papoul.

A PARIS.

Chez { Cl. SIMON, Impr. de Mgr. l'Archevêque, rue St.-Jacques.
DE SENNE l'ainé, Libraire, au Palais Royal.

1789.

DISCOURS

Prononcé le 15 Septembre 1789, dans l'Eglife; & en préfence du Diftrict des RR. PP. Capucins de St.-Louis de la Chauffée-d'Antin, au moment où l'on alloit bénir le Drapeau du Diftrict.

De Cœlo fortitudo eft.
C'eft du Ciel que vient toute la force.

Au premier livre des Machabées. Ch. 3. v. 19.

Lorsque l'on médite attentivement fur ces grandes révolutions, qui, après avoir déconcerté les combinaifons de la politique humaine, ont changé la face de la terre; lorfque l'on voit des empires, indeftructibles en apparence, perdre tout-à-coup jufqu'à leur nom; tandis que d'autres, au moment même où ils fembloient le plus près de périr, font reftaurés, & acquierrent une fplendeur qui paroît devoir être durable : l'ame

A 2

s'éleve irrésistiblement vers son céleste Auteur, vers ce grand Dieu qui régit, selon sa volonté, cet immense univers ; qui se joue des vaines pensées des hommes ; & qui, ayant souvent choisi les foibles selon le monde pour confondre les forts, oblige l'homme vrai à s'écrier : C'est du ciel que vient toute la force.

Vous n'avez pas méconnu cet oracle de l'Esprit-saint, & je vous en félicite, vertueux Patriotes, vous qu'une valeur religieuse réunit aujourd'hui dans un Temple consacré au Dieu devant lequel tout genou doit fléchir. Avec quelle douce satisfaction je vous vois, mes chers Concitoyens, vous conformer à un usage antique & vénérable, vous montrer convaincus que ce seroit abuser étrangement de la liberté, que de ne pas se mettre sous la garde du Dieu qui préside aux combats & décide de la victoire !

Rien, sans doute, n'est plus beau, mes Freres, rien ne sera plus remarquable dans l'histoire des siecles, que le spectacle de tant de millions d'hommes qui, pour accomplir les éternels décrets de la Providence, sortent subitement d'une espèce de léthargie morale ; votent, avec transports, la restauration de leur patrie ; se réunissent & se concertent, pour assurer le triomphe de la vérité, confondre ses ennemis, protéger ses défenfeurs, & vouer au mépris, réduire à l'inaction la plus abſolue, tous les principes deſtructeurs de la félicité publique.

Qu'ils ſoient couverts de gloire ces hommes eſtimables, qui, en accréditant l'amour de la patrie, en déclarant la guerre à tous les abus, en fixant & ſoutenant, d'une manière ſolemnelle, des droits & des devoirs trop généralement méconnus, témoignent un grand deſir de rendre enfin le bonheur moins rare ſur la terre. C'eſt de tout notre cœur que nous leur offrons un hommage public d'admiration & de reconnoiſſance. Mais auſſi, plus les hommes nous paroîtront avoir formé des deſſeins généreux, plus nous les conjurerons de demeurer fideles au Dieu fort, de qui dépend l'agrandiſſement de nos penſées, & le ſuccès, le mérite ſur-tout, des projets qui nous ſemblent les plus dignes d'éloges.

O mes chers Concitoyens! valeureux François! Non, je me plais à le croire, vous n'oublierez jamais que la valeur & la piété doivent être intimement unies. Bien sûrs qu'en donnant à l'honneur une baſe ſolide, notre ſainte Religion rend infailliblement ce ſentiment ſublime indépendant de l'admiration des hommes, qu'elle fait des héros, dont la gloire n'eſt point flétrie par la cupidité, vous vous ferez un devoir d'imiter ces soldats chrétiens qui, selon le témoignage de plusieurs Empereurs payens, se distinguoient le plus dans les armées, y étoient, en même-tems, & des modeles de valeur & des modeles de vertu.

Nous ne saurions, mes Freres, vous le dissimuler. Sans ces principes saints, nous désespérerions de la chose publique. Hélas! si l'on osoit méconnoître le Dieu qui lit jusque dans le fond des cœurs, alors la vraie sagesse, dont la crainte de Dieu est le commencement, se trouveroit exilée de la terre : alors il n'y auroit plus de *sûreté*; (1) la *fidélité*, la *loyauté* apparentes, seroient subordonnées à l'intérêt caché; au lieu de la *liberté*, qui, selon la remarque du célebre Bossuet, nous a été donnée, non pour avoir la possibilité de faire le mal, mais afin qu'il nous tourne à gloire de faire le bien; au lieu, dis-je, de la liberté, l'on verroit la licence, & à sa suite, les animosités, les calomnies, les troubles, les séditions, le mépris des loix, maux affreux qui ont toujours ou leur cause ou leur prétexte dans l'amour de la liberté.

Vous tous qui vous montrez de zélés patriotes, ah! je vous en conjure, pour la gloire du nom

---

(1) Ces quatre mots *sûreté*, *fidélité*, *loyauté*, *liberté*, se présentoient écrits, en gros caracteres, sur le Drapeau que l'on alloit bénir.

François, pour le soutien de la patrie, pour votre propre sanctification, loin à jamais de vous tout sentiment dont la source ne seroit point parfaitement pure ! Soyez fideles à implorer l'assistance du Dieu sans lequel nous ne pouvons rien ; & vous pourrez espérer de rendre vaines toutes les tentatives de ces impies qui, au mépris des loix sacrées de la Religion & de l'Etat, voudroient empêcher le regne de la paix.

Dieu qui, depuis près de quatorze siecles, protégez cet Empire, & l'avez soutenu au milieu des chocs les plus terribles ! en même-tems que nous vous demandons de bénir ce Drapeau, nous vous demandons aussi que tous les François, éclairés par vous sur leurs vrais intérêts, se gardent bien de prendre, pour l'amour de la liberté, un goût d'indépendance qui feroit négliger tous les devoirs, armeroit des freres contre des freres, & ne tarderoit point à présenter partout l'épouvantable image de la désolation. O mon Dieu ! que le feu sacré de votre esprit embrâse tous les cœurs ; & la face de ce royaume sera heureusement renouvellée.

François ! écoutez la parole du Seigneur. S'il faut délivrer celui qui est opprimé par violence, agissez selon l'équité. Soyez soumis aux puissances légitimes. Rendez l'honneur & le tribut à ceux auxquels le tribut & l'honneur sont réellement dûs; & que des hommes, qui sont freres dans l'ordre de la nature & de la grace, chériffent tous déformais une tendre fraternité.

Une tendre fraternité ! Voilà sans doute, vertueux Patriotes, voilà le beau lien qui vous a fait préfenter tout-à-coup, aux ennemis du bon ordre, une maffe impofante de Guerriers citoyens, de Citoyens guerriers, portant tous avec courage des armes défenfives.

Une tendre fraternité ! Voilà le fentiment qui vous domine, vous qui formez une heureufe affociation de Commandans, qui ne veulent voir dans leurs foldats que des égaux; & de fimples foldats qui, bien loin d'abufer de cette douce égalité, ont juré d'obéir aux Commandans, qu'ils ne fe font donnés qu'après les avoir jugés dignes d'eftime.

Une tendre fraternité ! Voilà une vertu que la Religion voudroit imprimer dans tous les cœurs. Vous le favez, vous, qui avez vu d'eftimables Miniftres de la Religion prêcher, par leur exemple, cette vertu fublime, donner publiquement, dans ces jours orageux, des témoignages authentiques du plus zélé Patriotifme. Vous le favez, Membres de ce Diftrict, vous qui avez vu avec quel empreſſement les Religieux habitans de cet aſyle ſaint vous ont prodigué leurs offres & leurs ſervices ; vous qui, rendant hommage à la fraternité de ces pieux Cénobites, en avez ſpécialement diſtingué le chef, l'avez prié vous-mêmes, & d'offrir pour vous le très-ſaint ſacrifice, & de prendre part à vos délibérations, de vous communiquer ſes penſées, de travailler avec vous à diſcuter vos intérêts communs : honorables fonctions que, de votre aveu, il a remplies de maniere à ſe montrer tout-à-la fois bon Religieux & bon Patriote (1).

Une tendre fraternité ! Ah ! graces ſoient rendues au ſouverain Arbitre des deſtinées humaines ! elle exiſte encore parmi les François. Que nos regards ſe portent juſqu'aux frontieres de ce vaſte Royaume. Au milieu de ces déſordres affreux, de cette effrayante fermentation, qui oppreſſent les ames ſenſibles & vertueuſes, & dont nous devons tous ſupplier Dieu de délivrer la France, quel tableau conſolateur ! Des citoyens de tous les ordres ſe confondent enſem-

_____

(1) Les RR. PP. Capucins ſe ſont conduits, dès le commencement des plus grands troubles, avec un zele qui annonce de vrais patriotes. Leur R. P. Gardien, homme d'un mérite diſtingué, eſt l'Aumônier du Diſtrict ; & l'eſtime générale l'a fait nommer vice-Préſident du Comité.

ble, se communiquent les idées qu'ils croient les plus utiles, se consacrent à la garde de l'Empire François; &, parmi eux, malgré le conflit des opinions, une volonté prédomine, une volonté seule, celle d'assurer à jamais la gloire & la tranquillité de la France.

Une tendre fraternité ! Eh ! n'embrâse-t-elle pas évidemment les cœurs de ceux qui fixent plus particulierement nos regards & nos espérances ?

Deux hommes, que l'estime publique a seule désignés, occupent les deux places les plus importantes de cette Capitale Et si, dès leur tendre jeunesse, ils ont tous deux étonné, l'un le nouveau Monde, l'autre les différens empires littéraires, tous deux respirent, sous nos yeux, le Patriotisme le plus pur; tous deux, en combinant la force & la prudence, s'appliquent à établir la paix qui doit régner entre des freres; tous deux sont dignes qu'on leur décerne la couronne civique; &, par la douceur & l'aménité de leurs caractères, par ce délicieux sentiment de fraternité qui se peint jusque dans leurs regards; tous deux méritent que l'envie elle-même leur pardonne les talens qui les distinguent (1).

---

(1) A ce portrait, qui n'est sûrement point flatté, & auquel il n'a manqué qu'un meilleur peintre, tous les bons Citoyens s'écrieront: voilà MM. Bailly & de la Fayette.

Auprès du trône, font des Ministres dont les lumieres & les vertus garantissent le Roi des surprises; des Ministres avec lesquels nous ne devons pas craindre que la vérité soit reléguée loin du Roi, qui se plaît à l'entendre; des Ministres que *la Nation elle-même*, sûre d'avoir en eux des amis, des freres, *eût présentés au Roi* (1).

Sur le trône est un Roi naturellement porté à la bonté, & dans le cœur duquel la Religion a fortifié ce beau penchant de la nature; un Roi qui a déclaré ne vouloir être qu'*un avec sa Nation* (2); un Roi qui, dans cette journée mémorable, où sa présence parmi nous a été un acte courageux de bienfaisance, a dit, avec l'accent d'un sentiment profond : *mon peuple peut toujours compter sur mon amour* (3); un Roi qui n'a pas hésité d'arborer aussi ces couleurs qui ne doivent désigner que des freres, & qui décorent ce Drapeau sous lequel des freres doivent marcher; un Roi qui, au moment où la Nation

---

(1) Discours adressé au Roi, par le Président de l'Assemblée Nationale, le 13 Août 1789.

(2) Discours du Roi à l'Assemblée Nationale, le 15 Juillet 1789.

(3) Paroles du Roi, à l'Hôtel-de-Ville de Paris, le 17 Juillet 1789.

lui a déféré le titre de *Restaurateur de la Liberté Françoise*, a répondu en Prince qui veut être le Pere, & non pas le tyran de ses sujets : *J'accepte avec reconnoissance le titre que vous me donnez* (1).

Et cette Nation assemblée sous les yeux de son Roi, quels sentimens fraternels n'exprime-t-elle point par l'organe de ses Représentans ! Avec quel zele infatigable ne travaille-t-elle point à opérer la félicité générale ! Que d'examens, que de soins, pour poser des bases inébranlables de cette vraie liberté, qui, sans favoriser l'insubordination, assure la tranquillité de l'homme qui respecte les loix ! Quelles précautions pour remettre en vigueur les droits imprescriptibles de la vertu & du mérite ! Quelle générosité, disons mieux, quelle tendresse de freres, dans les sacrifices faits au bonheur général ! *Non*, je n'hésiterai point à le répéter ici avec un vénérable Prélat, *Non, il n'y a que des François qui aient pu donner l'exemple d'un dévouement, d'un Patriotisme aussi vif, aussi prompt, aussi généreux* (2). La vérité me presse d'ajouter : Des chrétiens devoient, &

───────────────

(1) Réponse du Roi à l'Assemblée Nationale, le 15 Août 1789.

(2) Mandement de Monseigneur l'Archevêque de Paris, du 14 Août 1789.

toujours ils devront donner toutes les preuves possibles de la plus tendre fraternité.

O mon Dieu ! vous ne nous avez donc pas délaissés. Aurions-nous la lâcheté de vous abandonner ? Non, Seigneur, plutôt mourir que de cesser d'adorer le Dieu de nos peres.

Sans doute, M. F. nous gémissons de tous les abus qu'on a pû faire de la Religion. Anathême, disons-nous, anathême à tous les fanatiques ! Mais faut-il détruire une loi sage, parce que des insensés, ou de vils hypocrites en auront mal conçu ou altéré le sens ? Faut-il cesser d'être chrétiens, parce que des chrétiens de nom, des hommes qui n'ont honoré Dieu que des lévres, auront été coupables de crimes que le christianisme a en horreur ? Faut-il oublier que la Religion a été respectée, & victorieusement défendue par des hommes, dont le génie & la vertu ont immortalisé les noms ?

Respectez la, M. F. cette Religion sainte : invoquez sans cesse Dieu, afin de la pratiquer & de la défendre avec tout le zele, avec toute l'énergie dont l'homme, aidé de Dieu, peut se montrer capable. Dès ce moment, accomplissez un de ces divins préceptes qui ne pourroient trouver d'infracteur que parmi des barbares ; partagez votre pain avec celui qui a faim. Empreſſez-vous de dépoſer ici votre offrande, dans des mains accoutumées à ſe tendre vers les infortunés ; & , en rempliſſant ce devoir de la charité chrétienne, félicitez-vous d'avoir vu un vrai modéle de vertu, & dites avec nous : Bénie ſoit la Providence, d'avoir voulu embellir les jours d'un Héros citoyen, en lui donnant une compagne qui ſe diſtingue tous les jours, & dans le ſein de ſa famille, & au milieu de ſes concitoyens, par l'héroïſme de la bonté (1).

Je pourrois M. F., accumuler, en ce moment, tous les motifs qui nous preſſent d'être conſtamment religieux. Mais, arrêté par la crainte de vous dérober un tems précieux, perſuadé d'ailleurs, que dans cette Aſſemblée il n'y a pas d'infidéles à la Religion, pour juſtifier & ranimer votre piété, je ne vous rappellerai plus qu'une vérité, bien capable aujourd'hui de frapper davantage vos eſprits, & de toucher plus vivement vos cœurs : la Religion veut que nous ſoyions de zélés Patriotes, & ce n'eſt que d'elle que le Patriotiſme peut tenir la force & la durée,

---

(1) Une quête, deſtinée à ſoulager les pauvres du Diſtrict, alloit être faite par Madame la Marquiſe de la Fayette, zélée citoyenne, femme pieuſe, dont on ne ſauroit trop louer les vertus publiques & privées.

fans lefquelles les ennemis du bien public pour-roient fe flatter de triompher un jour.

Soldats chrétiens! un de vos devoirs les plus effentiels fera de maintenir le refpect dû à la Religion. Tandis que nous, fes fideles Miniftres, pour lui conquérir des ames, pour épargner à la France le malheur de la perdre, nous employerons la parole, la perfuafion, la charité, ces feules armes qui nous foient permifes; vous, fans répandre du fang, par votre décence dans le lieu faint, par une difpofition clairement prononcée de maintenir les loix qui puniffent l'audace des perturbateurs du culte, par cette augufte empreinte de dévotion qui a tant de pouvoir fur le front d'un foldat, méritez de participer à un apoftolat qui affurera le falut de la France.

Milice citoyenne! défenfeurs d'une liberté fage! Chrétiens qui devez être fûrs qu'il n'y a rien de meilleur, rien de plus agréable que de vivre enfemble comme des freres étroitement unis! Tandis que Dieu va répandre fes puiffantes bénédictions fur ce Drapeau, que vous devez jurer de ne jamais abandonner; jurons auffi, jurons tous, du fond de notre cœur, d'être fideles, & à une Nation, & à un Roi, qui veulent donner à la Monarchie françoife, tout l'éclat dont elle eft susceptible; & à des loix qui auront pour objet de protéger le foible contre le fort, ou plutôt d'empêcher qu'il n'y ait, en France, d'autre force que celle de la justice & de l'humanité.

Mais puissiez-vous sur-tout, M. T. C. F., fideles à vos loix, ne jamais oublier que, la première de toutes, c'est d'aimer Dieu de tout son cœur, & son prochain comme soi-même !

Ainsi soit-il.

F I N.

www.ingramcontent.com/pod-product-compliance
Lightning Source LLC
Chambersburg PA
CBHW071447060426
42450CB00009BA/2324